NINGUÉM QUIS VER

BRUNA MITRANO

Ninguém quis ver

1ª reimpressão

Copyright © 2023 by Bruna Mitrano

Grafia atualizada segundo o Acordo Ortográfico da Língua Portuguesa de 1990, que entrou em vigor no Brasil em 2009.

Capa
Kiko Farkas/ Máquina Estúdio

Preparação
Silvia Massimini Felix

Revisão
Huendel Viana
Ana Maria Barbosa

Dados Internacionais de Catalogação na Publicação (CIP)
(Câmara Brasileira do Livro, SP, Brasil)

Mitrano, Bruna
  Ninguém quis ver / Bruna Mitrano. — 1ª ed. —
São Paulo : Companhia das Letras, 2023.

  ISBN 978-65-5921-504-1

  1. Poesia brasileira I. Título.

23-146078   CDD-B869.1

Índice para catálogo sistemático:
1. Poesia : Literatura brasileira B869.1
Aline Graziele Benitez – Bibliotecária – CRB-1/3129

Todos os direitos desta edição reservados à
EDITORA SCHWARCZ S.A.
Rua Bandeira Paulista, 702, cj. 32
04532-002 — São Paulo — SP
Telefone: (11) 3707-3500
www.companhiadasletras.com.br
www.blogdacompanhia.com.br
facebook.com/companhiadasletras
instagram.com/companhiadasletras
twitter.com/cialetras

para Adelina

*Estar presente às vezes é tudo
que se pode dar como resposta.*

Moisés Alves

Sumário

LONGE
a setenta quilômetros do mar, 13
não esqueço, 15
sina, 16
sujeira, 18
a vida é assim, 20
todos já sabiam, 24
relógios grandes, 26
fé, 28
asas a ícaro, 30

COISA DE FAMÍLIA
ninguém quis ver, 35
o bebê, 36
punição, 38
estranhos, 40
herança, 42
1989, 44
vínculos, 45
cafuné, 46

URUBUS ETC.
intuição, 51
1995, 53
armadilha, 54

teresa, 55
nome próprio, 56
2 de julho de 2019, 58
relações públicas, 60
lição, 62

DESASTRES NATURAIS
rotina, 65
imprecação, 66
lavadeiras, 67
cosmos, 68
inversão, 69
CTI, 70
função, 73
a cada doze minutos, 75

SUPORTAR TUDO ISSO
amor, 79
sustentação, 81
epilepsia, 82
pós-cirúrgico, 84
no silêncio, 88
no futuro, 89
o que fica, 91

LONGE

a setenta quilômetros do mar

moro a setenta quilômetros do mar
moro a duas horas e meia do mar
moro a dois ônibus ou
vinte e quatro estações de trem e
onze estações de metrô
do mar

moro a tanta preguiça de ir
até o mar

mas todo dia piso
nos dois montes de areia
da calçada do vizinho
e lembro

que só esquece o mar
quem mora perto do mar

eu não esqueço
que moro onde não escolhi
que moro onde posso morar e
às vezes é madrugada e faz silêncio

às vezes é madrugada e durmo
ouvindo o barulho da água
do valão diante da minha casa

e acordo com a boca salgada

nos olhos dois montes de areia.

não esqueço

minha função
era apanhar ovos
no galinheiro

uma vez apanhei
sem querer
um ovo galado

não esqueço
a imagem do feto de frango na frigideira
um feto fritando no óleo
um malformado biquinho
duas penas boiando

não esqueço
a voz da minha avó
dizendo não precisa chorar
a gente reza por ele.

sina

minha avó roubava leite
pra dar aos filhos
porque seus peitos empedraram
porque a sequidão é a sina
das mulheres da família
minha avó roubava leite
por culpa
pela maternidade
que seu corpo descumpria
minha avó até bem velha
dizia olha a minha língua
não tem saliva
por isso não consigo engolir
e eu via
o rosto da minha avó empedrar
a boca seca
a sua a dos filhos
punição pelos peitos vazios
a vida da minha avó
esvaindo
e na boca do poço rosto
de pedra
uma voz fraca
vinda do mais fundo
onde uma mulher pode ser

mas nunca em excesso
(nunca o excesso
pra quem foi mãe aos treze
em 1934)
líquida:
vai roubar leite
minha neta
seus filhos vão chorar um dia.

sujeira

quando você chega à idade
que lhe permite
entrar em novos cômodos
que lhe permite
entrar no banheiro com banheira por exemplo
descobre que as paredes da casa
da patroa não são tão brancas
quanto você acreditava
quando brincava com medo
de sujar as quinas
ou a bancada de mármore —
você pensava é uma grande pedra preciosa
quem dera eu tivesse um pedaço
de tudo que posso tocar
com a mão lavada

quando você chega à idade
que lhe permite
estender os edredons
descobre marcas quase invisíveis
como manchas de iogurte
que nem a máquina de lavar
nem a mão da sua mãe
conseguiram apagar

quando você chega à idade
de recolher as toalhas usadas
vê as pontas encardidas
e percebe
esfregando as toalhas
(parecem de pelúcia)
no rosto
(parece de criança)
que a sua mãe está velha
pra satisfazer os desejos dos donos
da casa e que logo será você
a satisfazer os donos
da casa que dizem é também sua
mas que você nunca conheceu inteira
nem nunca subiu na cadeira
brincando de a mestra mandou
coroada de raízes do quintal —
a cadeira, o chão, as paredes, os cômodos todos
sujos de terra.

a vida é assim

1.

a câmera em close na velha
o rosto rachado em contraste
com a pele mole dos braços

o vestido puído deixa ver
os ossos do peito

os seios dois sacos vazios
pendendo sobre a barriga

a câmera abre
vê-se um repórter com camisa de botão
de cor tão clara como sua pele tão clara

o repórter parece um erro
no cenário

a velha mexe a sopa com uma colher de pau
é sopa de quê
papel

close nos olhos de espanto
do repórter que já sabia a resposta

por que a senhora está cozinhando papel
porque não tenho comida
mas por que a senhora está cozinhando PAPEL
o repórter repete
pra causar nos telespectadores
aquele nó na garganta

porque tenho filhos e netos
diz a velha esticando o pescoço
onde guarda uma garganta
aparentemente sem nó
aparentemente sem constrangimento
de dizer a própria fome

a câmera passeia pela casa
panelas e canecas empilhadas
um instrumental triste
e o narrador dizendo que três semanas depois
a velha morreu

2.

andei de um lado pro outro
    o que foi garota
    não pode acabar assim
    não é um filme é a vida real

e na vida real
eu tinha seis anos
eu não conhecia o gosto do papel

    por que o repórter não deu comida pra velha
    porque não levava comida com ele
    por que não voltou pra dar comida
    porque ele mora longe
    por que não mandou pelo correio
    porque não se manda comida pelo correio
    por que ele não pegou comida na casa longe dele
        [e voltou pra dar pra velha
    ora porque ele tem mais o que fazer
    então por que ele foi na casa dela
    hã
    se ele tem mais o que fazer

close no rosto passivo da minha mãe
    é assim a vida é assim

3.

na escola passei a brincar de comidinha
socava folhas de caderno na panela de plástico

    tá cozinhando o quê
perguntou a colega
    papel

dã tô perguntando o que você tá cozinhando
[de mentirinha
papel
eu tô brincando de verdade

ela virou os olhos
e saiu cantando

eu bati nela

close na cara de espanto da diretora
dizendo não esperava isso de você
tão boa aluna tão quieta
por quê

porque ela estava alegre

close na cara de todos
um por vez
segurando o riso de deboche
tão boa aluna tão quieta mas doida coitada
[igual à mãe.

todos já sabiam

a tia vilma passava a mão
no meu cabelo
e dizia tá ressecado
olhando pra minha mãe
como se dissesse a culpa é sua

com vergonha a minha mãe
comprava cremes que não podia pagar
e vestidos com anáguas e rendas
que de algum modo foram responsáveis
pela palavra que mais ouvi na infância

crediário

nas festas as meninas
zombavam dos meus "vestidos de bolo"
e corriam umas até as outras
com sandálias de dedo

enquanto eu sozinha
num canto com cuidado
pra não sujar
aquilo que a minha mãe
levaria meses pagando
tentava esquecer

que a meia-calça pinicava
e que a sapatilha espremia
o mindinho

afinal era preciso
que ninguém percebesse
o que todos já sabiam

eu era pobre

e comer sopa rala todo dia
enfraquecia o cabelo.

relógios grandes

pouco tempo depois de a tia fátima ir morar longe
encontrei uma caixa de sapatos moleca
em que ela guardava lembrancinhas de aniversário
e fotografias de várias épocas com o ano anotado no verso

a tia fátima gostava de ser fotografada na sala dos patrões
perto de relógios grandes
os patrões eram bons e não se importavam
nem com as fotos nem com os relógios
por isso ela acreditava que ganharia um de presente
mas isso nunca aconteceu

eu também não me importava com os relógios
(embora eu não fosse patroa)
(embora eu fosse a sobrinha a filha a neta da empregada)
e nas fotografias
me chamaram mais atenção os ponteiros
que às vezes marcavam sete da manhã
às vezes onze da noite
e a passagem do tempo no rosto da minha tia
às vezes liso
às vezes embrutado

ontem soube que a tia fátima morreu
imaginei suas últimas palavras
acho que ela não teria perguntado por mim
nem pela minha mãe ou pelos patrões
acho que ela teria perguntado as horas.

fé

eu gostava da casa da dona laura
mas tinha medo dos santos de barro

eram muitos e parecia
que me olhavam desconfiados

dona laura usava um lenço na cabeça
e outro na cintura

uma vez perguntei se tinha doença na barriga

ela disse que quando o estômago
ficava vazio por muito tempo
apertar ajudava a esquecer

naquele dia amarrei um pano
logo abaixo das costelas
e cobri com a camisa

fiquei assim até a hora do banho
mas não senti nada
além de dificuldade pra sentar

hoje
quando lembro dos olhos
dos santos da dona laura
duvido da fé

de quem nunca precisou acomodar a fome
sob um lenço estampado de frutas.

asas a ícaro

a menina loira
de grinalda
e vestido comprido
em nada se parecia comigo

por isso eu gostava de olhá-la
distraída
colhendo flores
num lugar de cores claras

e o cheiro de lavanda
me levava longe

numa época em que era impensável
escapar do labirinto
essa foi a maneira que encontrei
de tocar a liberdade

folheando o álbum
de papéis de carta que
apesar do nome
não serviam pra escrever

(a imagem não podia ser ferida
pela ponta da caneta bic
e qualquer rabisco tirava o valor
daquilo que virou uma febre entre nós
garotas dos anos noventa)

por algum tempo
essa foi a maneira que encontrei
de tocar o impossível

por algum tempo
até me acusarem de roubar
um papel que eu tinha igual

fiquei com raiva e fiz dos papéis
pássaros

dei a cada um o regozijo do voo
antes do naufrágio:

as cores claras desaparecendo
lenta
e definitivamente
na vala.

COISA DE FAMÍLIA

ninguém quis ver

nasci com dentes podres
coisa de família
minha avó ficou banguela
aos vinte e seis
os tios todos
têm dentadura
criança diziam tão bonita mas
assim
não vai arrumar namorado
eu não queria arrumar namorado
arrumei vários ossos quebrados
ossos fracos
coisa de família
disseram bruna você parece
que pode partir ao meio
a qualquer momento
eu parti muitas vezes mas
ninguém quis ver
que não quero namorado
e que meu mau hábito
de não escovar os dentes
é porque nunca paro de comer
porque o que sinto não é fome
é o sentimento da fome
que talvez seja coisa de família
nunca entendi essa coisa de família.

o bebê

1.

tento imaginá-la como uma mulher
apenas uma mulher
trocando a fralda
do mais novo dos seus cinco filhos

depois
engolindo o café
atrasada pro trabalho
porque teve de encontrar
um local seguro pro bebê

dessa vez
brincando no quintal

um beijo de despedida
e o som abafado dos tamancos
pintados à mão pela irmã maria
cada vez mais baixo
cada vez mais distante
até se ouvir o agudo do portão

2.

foi ela quem encontrou o corpo
no exato lugar em que havia deixado pela manhã

"pegou muito sol na moleira"
o bebê
minha avó nunca nem disse o nome.

punição

aos sete anos meu maior erro
foi derrubar o queijo ralado
enquanto guardava as sobras
da barraca de cachorro-quente

lembro de ficar parada
olhando o pote meio virado
apoiado na sua lateral
a tampa longe
o queijo quase um pó quase areia
desaparecendo na terra seca
e pensar

podia ter sido a batata palha
que é mais barata

depois
me joguei no chão e
gritei até o grito
ir acabando
como cordas de violão
que arrebentam uma a uma

minha mãe se aproximou
e olhou do alto

achei que ela ia me bater ou
me puxar pela orelha

mas não

daquela vez
minha mãe quis
que eu não sentisse dor

ainda hoje
carrego com cuidado
essa coisa
frágil como um cílio solúvel
que parece raiva
raiva de mim.

estranhos

não conheci meu avô
dizem que foi morto de porrada
quando ameaçou matar os filhos

não conheci meu pai um
o que engravidou minha mãe duas vezes
e abandonou minha mãe duas vezes

conheci meu pai dois
o que me deu sobrenome e me amou tanto
que fez coisas que um pai não devia fazer

não conheci nenhum homem
que tenha me conhecido

que tenha conhecido
a minha mania de reproduzir com o dedo no ar
as linhas do teto

que tenha conhecido
a história dos meus ossos quebrados

ou de quando consegui voltar
antes do anoitecer
pra pensão de moças

depois de me perder no bambuzal
com uma amiga que eu queria
que fosse mais que amiga

não conheci nenhum homem
que tenha conhecido
os sons do meu sono pesado

porque não durmo pesado
perto de estranhos

teve época até
sempre alerta e com a mão
direita na faca
debaixo do travesseiro

depois que um homem
na ilusão de me conhecer
fez do meu corpo seu território
em guerra.

herança

meu tio conta que certa vez
meu avô convulsionou atravessando a passarela
e rolou pela escada

ele vendia frutas num carrinho de mão

imagino maçãs e laranjas quicando nos degraus
sem esperar pelo corpo do meu avô
se debatendo em queda
dando com a cabeça em bocéis
inconsciente das perdas e das partes quebradas

igual a você
meu tio diz

igual a mim
que herdei a epilepsia
de um homem que não conheci

e o medo de atravessar passarelas.

contra este último
desenvolvi uma espécie de procedimento

olhar fixo pra frente
dar passos grandes
e lembrar que ainda
tenho um chão debaixo dos pés.

1989

infância é ganhar
uma lu patinadora
de natal e depois da ceia
quitar a dívida

no quarto de menina
uma lâmina de luz lhe cortava o rosto
e a língua na boca se movia

bruna
faz aquilo que o papai gosta.

vínculos

semente de abóbora cura solitária
quem não é
quem tem estômago pra lembrar
de ser menina
irmã de leite
de vínculos me perdi
no desamparo ela ouviu de novo
a panela de ferro
o grunhido do porco que demora pra morrer
com o facão enterrado no couro
sangra cada dia da idade dos homens do cafezal
os que comem até os intestinos
e têm rasgos na cara mas
dentro da botina
a sola é tão fina que dói.

cafuné

quando minha avó
deitou na cama
pra sempre
seu corpo esvaziou de carnes
e a pele despencou dos ossos
misturando-se aos lençóis

que mesmo lavados
com o passar dos três anos
de gritos
cheiravam a urina

como memória da força
daquela que em nada se parecia
com a mulher que me carregou no colo
ficaram as mãos grandes

minha avó
tinha mãos enormes
que se destacavam dos braços
como numa tela de portinari

mãos que cresceram
em tanques de cimento
e alimentaram sete filhos

lavando os uniformes
dos cabos da vila militar

no anelar direito
não tinha unha

"foi um cabo que pisou
de coturno"
ela dizia enquanto eu passava
esmalte no sabugo

porque era eu
desde criança
era eu
quem pintava as suas unhas

e conhecia
as veias saltadas
as manchas da idade
a temperatura e a textura
das mãos
que morreram
segurando as minhas

no quarto onde hoje durmo
e às vezes
recebo um cafuné bruto
inconfundível
carinho de vó.

URUBUS ETC.

intuição

sentei perto dos urubus
o homem que passava disse
tenho nojo de você

expliquei a ele que os urubus
procuram na carcaça
as partes moles e quentes

ele deu as costas xingando
e sacudindo as mãos

olhei pros urubus
eles também me olharam
complacentes com aqueles
olhos sem branco

o homem
o seu corpo inquieto
era como o animal que esperneia
antes de morrer

sabíamos no entanto
que ele não morreria

que ele estava mais vivo que nós
que não temos mãos
nem pedras nas mãos

pra atirar em quem
nos causa repulsa

apenas alguma intuição
de encontrar
partes moles e quentes.

1995

aos dez com as amigas
comparando os primeiros pelos da virilha
e comendo calango assado
na bacia de lavar bebê

era ainda a rua quatro a rua sem nome
de terra já tarde mas nem tanto
pros garotos que lambiam nossas coxas

numa casa sem emboço
com fachada de cal verde
e calçada onde amontoavam tijolos

muro que nunca seria erguido

abrigo pra pequenos animais
que brincávamos de matar
porque éramos crianças sem coração
porque éramos crianças de barriga vazia.

armadilha

existem muitas maneiras
de atrair o animal
quando se deseja atirar
a garrafa em chamas

    o erro de perto é improvável
    o erro de perto parece maior

você pode oferecer água
animal nenhum nega água
não pela sede mas pelo gesto
e pelo gesto você pode
amar

mas você não pode morrer
enquanto o animal morre
você pode fechar os olhos

    nenhuma explosão toca o corpo
    o que toca é o que é explodido

e a água talvez volte
pela boca
via inevitável
com uma promessa de vingança.

teresa

a primeira vez que vi
incendiarem um animal vivo
não pensei na justiça
só pensei no corpo
por que tão pequeno
por que tão sem alma

a segunda vez que vi
incendiarem as casas do meu bairro
não pensei em mais nada

os olhos alimentaram o fogo
e Omolu dançou sob as palhas.

nome próprio

o vassoureiro
o moço da pipoca
o feirante
o catador de latinhas
a voz do carro do pão
o rapaz morto ontem
o garçom
o motorista da van
o camelô
não têm nome próprio

os animais de rua também
não têm nome próprio
nem ocupam cargos públicos

a mulher nunca tem nome próprio
é a mulher do Fulano

a minha avó não teve nome próprio
os filhos a chamavam de mãe
eu a chamava de vó
e ela sempre atendia

a minha avó me ensinou
a atender prontamente
e a morrer sozinha

ela também me ensinou
a degolar franguinhos
e que as mulheres são sempre
propriedade de alguém

menos as que matam o marido
e fogem com a cabeça
numa sacola de mercado

essas ganham nome
nos jornais
e ameaçam o anonimato
das mulheres que em breve
vão aprender
a degolar franguinhos.

2 de julho de 2019

noite passada vi
um homem sem cabeça

não um ser mitológico
nem um desses zumbis de seriado

um homem que sangra
decapitado na vila kennedy

um homem de peito aberto

sem metáfora
ou outra figura de linguagem
que emprestasse beleza
à imagem do coração arrancado
e enfiado na boca

a cabeça independente de
nervos
músculos
vértebras
apoiada sobre a barriga

como um porco à pururuca de desenho animado

a maçã perfeitamente encaixada
a maçã exageradamente vermelha
colhida no próprio corpo
estirado no asfalto

noite passada vi
e ver pode ser pra sempre

o homem morto
com a cabeça solta
o peito aberto
e o coração entre dentes

as partes todas
remontadas
como numa instalação artística

noite passada vi
e senti
(o coração na boca)
uma dificuldade de respirar
que ignorei em respeito à mãe do morto
(ao coração arrancado da mãe do morto)

e a todas que conhecemos o terror
por dentro —

não foi noite passada
que ela disse: olhando de longe
a favela parece até uma árvore de natal.

relações públicas

1.

o urubu-rei é sociável
e frequenta carniça com seus pares

porque sabe
que jamais será confundido
com outras espécies de urubus

além da aparência inegociável
o urubu-rei é diferenciado
pela força do seu bico

capaz de rasgar o couro dum boi
dum cavalo ou até mesmo
dum bacalhau

e por isso tem o privilégio
de comer sempre primeiro

quando ele encontra a carcaça
outras aves necrófagas o seguem

quando outras aves encontram o alimento
elas abrem passagem pro rei
e aguardam os restos

2.

em terra de urubu-rei
quem não briga
bica o osso.

lição

a garça na lama
ainda é branca.

DESASTRES NATURAIS

rotina

pela manhã empurrar
lama com rodo

enxaguar os panos
enfiados nos pés das portas

desempilhar os móveis
e colocá-los de cabeça pra cima

toalhas escaldadas
trazem a avó
reerguendo a casa

tantos temporais depois

de desenhar com uma lasca de tijolo
sóis na calçada.

imprecação

que a chuva poupe as telhas pobres
e mais nada.

lavadeiras

no fim da rua
havia barracos e
no terreiro
três ou quatro
tanques de cimento

as mulheres
lavavam roupa
cantando
como à beira dum rio

aqui se houve
rio limpo não vi

no valão corpos
de porcos boiavam.

cosmos

seis meninos sentados
no meio-fio

o maior diz
o pai do beto é legal
me chamou pra trabalhar na peixaria.

inversão

será que você já teve uma arma
não na cabeça mas na mão
a voz atrás dizendo
atira vai

como se o gesto pudesse acabar
com a culpa das horas
lentas da tarde
ou outra forma houvesse de respirar
debaixo d'água

debaixo d'água
o céu é uma inversão
que parece sólida
você pode tocar com a palma aberta
mas o embaço não deixa enxergar
onde terminam as coisas

debaixo d'água
raízes vermelhas crescem
no canto dos olhos
e a pele enruga o tempo
no braço moldado em concreto
segurando o seu

atira vai.

CTI

quando cheguei
o homem à direita conversou comigo
disse que sairia logo

no dia seguinte ele estava assim
imóvel e nu
como um assado na travessa

até ontem tinha uma senhorinha na cama da frente
ela lia um livro com durex na lombada
não sei se volta nem se é apropriado perguntar pelo livro

dormi mal
a mulher que me deu gelatina morreu
do nada entortou a cara e morreu

mentira
eu roubei a gelatina dela
ainda me alimento por cateter

nas primeiras semanas
tive medo de morrer

agora estou fora de risco

dia vinte e três foi meu aniversário
alguns amigos vieram
mas não era deles que eu sentia falta

a enfermeira disse
que caiu um temporal

lembrei de quando a minha avó mandava
a gente beber água da chuva
pra dar sorte

e acho que me mijei
porque a fralda ficou morna

eu queria a visita da chuva
eu queria saber se o mato da minha calçada cresceu
e se o abacateiro precisa de poda

é verão
é época de cuidar das plantas

mas aqui revolvem os corpos
quando dão banho
viram o lençol prum lado e pro outro
e pedem licença pra esfregar
a esponja nas genitálias

é provável que os enfermeiros
façam piadas sobre nós
no intervalo do almoço

acho louvável
que saibam rir de tudo isso
e que sobreponham a fome
ao cheiro de éter.

função

1.

os trens do ramal santa cruz
carregam na cabine do maquinista
as marcas dos tiroteios
dos quais ele não pôde fugir

porque o maquinista não pode
perder o controle

por centenas de vidas dentro dos vagões
centenas de vidas vagando nas linhas férreas
centenas de vidas nas estações
milhares vivendo nas margens
o maquinista não pode

e não poder é a sua função

e não poder perder
é a sua função que talvez seja
pior que perder

2.

talvez ele se imagine saindo da cabine
o sangue vivo explodindo em buracos no peito

talvez ele se imagine naquela cena
em que o herói cai
pra sentir a raiva que o faz levantar
todas as manhãs

talvez ele se imagine
perdendo

porque perder talvez seja melhor
que nunca poder

descarrilar
levando junto uma multidão.

a cada doze minutos

há um terremoto ou outro
desastre natural
nos barracos encostados nos muros
das estações de trem.

SUPORTAR TUDO ISSO

amor

para Rosa Araujo

na infância o sacolejo do ônibus
me dava enjoo
minha mãe me batia se eu vomitava na roupa nova
custou os olhos da cara

aprende garota
pra ser valorizada
é preciso estar bem-vestida

mais tarde manchas na camisa
e um objeto de remorso

       você lembra com que idade
       deixou de enjoar nas viagens?

          você lembra com que idade
          deixou de ter pra onde voltar?

queria que ela ainda estivesse
esperando no pé da escada

agora é o menino quem suja
as roupas que puxa do varal
e resmunga quando cai
a camisa úmida na cara

agora sou eu quem finge
saber o que está fazendo

enfiada num vestido velho
ralhando com o menino
toda tarde
o mesmo enjoo

e queria que ela soubesse

que ainda pulo o último degrau
inclinando o corpo pra frente.

sustentação

uma vez rasguei o pé —
disse o homem ao amigo
enquanto carregavam tijolos

não foi um lençol velho
como os que a minha avó rasgava
pra amarrar o cabelo

nem um papel com
algo que não pudesse ser lido
como um bilhete arrependido

mas aquilo que carrega
um corpo
que carrega tijolos
e a memória quente do chão

a memória essa sim existe
pra ser picotada como lençóis usados
e bilhetes —
células que morrem
e pele que trocamos a cada sete anos.

epilepsia

1.

nas casas pobres
os bocais das lâmpadas
não são amparados
por lustres

eles ficam pendurados
por dois fios retorcidos

2.

ao mover o interruptor
treme um som
pela sala

a luz faz que vai mas volta
só que fraca

3.

depois de uma convulsão
é difícil saber
onde você está

mas não há dúvida
de que qualquer caminho
te levará pra dentro

4.

ela gostava de olhar de perto
a lâmpada acesa
pra entender como funciona

ela gostava de olhar a luz
até as extremidades retorcerem
e ficar perigoso demais
estar sobre os pés.

pós-cirúrgico

1.

a primeira coisa que você vê
é a luz do teto

depois
o teto

talvez demore um pouco
pra surgirem rostos
desconhecidos
nas laterais

o cirurgião só vai voltar
quando você for capaz
de entender as palavras

até lá
cada hora será usada
pra reeducar o corpo

os órgãos trabalham
durante uma vida
mas se um deles para
ainda que por curto tempo
pode esquecer a sua utilidade

após a retirada da sonda
por exemplo
é preciso fazer força pra urinar —
cérebro e bexiga entram num acordo
de contramovimento

e quando o enfermeiro te levanta
é como se você estivesse de cabeça pra baixo —
náusea, tontura e medo
de que os braços te soltem

são necessárias semanas
pro corpo voltar a suportar
o próprio peso

mas no inverno
ainda será difícil
estar na vertical

porque as próteses de titânio
encolhem alguns milímetros

e essa pequena ausência
compromete toda a estrutura

2.

um passo de cada vez
dizem

mas a verdade é que cada passo
tem a sua distância

de forma que um da perna direita
pode equivaler a um e meio da esquerda

especialmente se você for destra
ou tiver uma perna menor
ou com parafuso

e subindo a escada você pode pular
dois degraus
ou um
na pressa até três
dependendo da altura

depois de uma cirurgia de coluna
a recomendação médica é que você se force a andar

o cirurgião não diz
evite cair
porque sabe que a queda não é uma escolha
nem um objetivo

ele diz
ande

afobada que seja
dando coxa com coxa
tropeçando no ar

a calma em excesso
enrijece as articulações

3.

deambular após semanas
de imobilização
exige mais que resiliência

exige a manha da criança

que quando cai
franze a testa
e ameaça chorar

pra não desapontar a plateia

mas logo
percebendo-se sozinha no chão
faz aquela cara

de quem descobriu algo
que vai alterar pra sempre
o curso da história.

no silêncio

não se diz não prum homem
armado até os dentes

o medo do que já aconteceu ainda
é medo?

sangrei no silêncio
nenhum grito de revolta em meu nome

faz dois anos quinze dias e seis horas que não choro

as pessoas falam
as pessoas sempre falam mas

nenhuma voz sustenta
ou abate
o corpo violado.

no futuro

para Kaylla Leandra,
que me mostrou o motivo

eu ainda dormia quando ela chegou

trazia um pedaço de giz entre os dedos
e meia dúzia de ovos numa sacola

acordei e a vi de costas
a escápula direita se movendo um pouco

kaylla é destra
e desenha cruzes nas portas

esperei
até que corrigisse com o dedinho
o traço torto
e perguntei se reconhecia
a grandeza do gesto

disse que não

kaylla sabe mais do que revela
quando me viu dormindo logo soube que eu estava triste

por isso falou em voltar
até que eu contasse tudo

tudo é coisa demais, kaylla

eu sei
eu aguento

kaylla sempre diz eu aguento
e leva ovos pra mãe

quando voltou eu disse
você tem razão
tenho lembrado do passado

ela disse você está escrevendo um livro

e isso apaga o passado?
perguntei

é um livro no futuro
respondeu

só então reparei no seu tamanho

tão pequena tão magra
o short com pence
e ainda assim largo

kaylla,
você é uma criança
não tem que aguentar nada disso.

o que fica

guardo os documentos da minha avó

na foto preto e branco
do RG de mil novecentos e oitenta e três
ela é jovem e se parece com a minha mãe

embora fosse analfabeta
a assinatura é legível:

Adelina Araujo Antonio

no RG de dois mil e onze
a foto é digital
e a minha avó se parece com ela mesma

no lugar da assinatura
uma justificativa:

"Impossibilitado(a) de assinar"

em dois mil e onze a minha avó estava cega
o oftalmologista explicou
não há o que fazer
é a idade

Adelina viveu noventa e dois anos
de acordo com a certidão de óbito
que entre outras coisas diz:

"Viúva de Elias Antonio.
Deixou 7 filhos(as) maiores.

Não deixou bens"

o cartório de registro civil não reconhece
o que dela herdei

nem que estive ao seu lado
enquanto seus órgãos paravam
devagar

ela gritava muito

um dia a minha mãe disse mãe
deixa de gritar
todo mundo sente dor

e a minha avó perguntou
toda dor dói?

sim toda dor dói

acho que naquele momento
ela entendeu
que não ia melhorar

lembro do seu corpo minúsculo
só com uma fralda frouxa
tentando se mover
e a boca muito aberta pedindo por favor
me mata

duas semanas depois
se jogou da cama
estourou uma veia da testa
a cara ficou roxa
rasparam a cabeça

desde então
não gritou nem falou mais

eu quis forte que ela morresse

porque eu sabia que quando a minha avó se fosse
ficaria pra sempre

como na foto

o cabelo de nuvem
o rosto queimado de sol.

1ª EDIÇÃO [2023] 1 reimpressão

ESTA OBRA FOI COMPOSTA POR ACOMTE
EM MERIDIEN E IMPRESSA PELA LIS GRÁFICA
EM OFSETE SOBRE PAPEL PÓLEN BOLD DA SUZANO S.A.
PARA A EDITORA SCHWARCZ EM MAIO DE 2024

A marca FSC® é a garantia de que a madeira utilizada na fabricação do papel deste livro provém de florestas que foram gerenciadas de maneira ambientalmente correta, socialmente justa e economicamente viável, além de outras fontes de origem controlada.